AF382940

GAGNER EN CONFIANCE EN SOI

Les clés pour prendre de l'assurance

Par Julien Duvivier

POUR ALLER PLUS LOIN   59

GAGNER EN CONFIANCE EN SOI

- **Problématique ?** Comment m'affirmer et me réaliser dans mon travail ?
- **Utilité ?** Avoir confiance en soi, c'est laisser s'exprimer une autorité naturelle qui émane de nous, une assurance qui nous permettra d'évoluer professionnellement.
- **Contexte professionnel ?** Gestion de carrière, relations sur le lieu de travail, etc.
- **FAQ ?**
  - Durant une réunion, comment oser prendre la parole pour donner mon avis ?
  - Mon patron me rabaisse sans cesse. Comment prendre confiance en moi malgré tout ?
  - Comment puis-je gagner en assurance sans pour autant paraître prétentieux ?
  - Comment demander une augmentation ou une promotion à mon patron si je ne suis pas moi-même convaincu de ma propre valeur ?

- ◦ <u>Comment manager une équipe expérimentée alors que je suis à peine diplômé ?</u>
- ◦ <u>Comment rester confiant pendant une période de chômage ?</u>
- ◦ <u>Quelle attitude adopter quand mes collègues refusent de collaborer avec moi et multiplient les remarques mesquines ?</u>

La multiplication des coachs professionnels et des nouvelles formes de thérapies met en lumière le fait que la souffrance physique et psychique sur le lieu de travail est devenue l'un des problèmes majeurs dans nos sociétés occidentales. Du grand patron au plus petit employé, nous rencontrons tous des difficultés à nous épanouir dans le cadre de nos activités professionnelles et accumulons des frustrations qui traduisent souvent un manque de confiance en soi.

Cette question de la confiance en soi au sein de notre activité professionnelle implique en premier lieu de renverser un présupposé encore largement admis de nos jours, pour affirmer, avec le psychologue et psychanalyste Roland Guinchard, que « le travail est une expérience personnelle vécue collectivement, et non l'inverse » (GUINCHARD (Roland) avec la collaboration d'ARNAUD (Gilles), *Psychanalyse du lien au travail. Le désir de travail*, p. 1).

On retrouve ici l'idée de plus en plus répandue que notre travail doit être l'expression d'un Désir intime et profond (une force inconsciente qui nous pousse à travailler) afin qu'il ne soit plus vécu comme un « boulot », une contrainte inexorable à laquelle nous sommes tous soumis. Pour s'extraire de cette logique de « tous dans la même galère », qui fait rimer travail avec esclavage, il convient donc d'explorer ce qui nous anime et qui nous définit intimement pour nous interroger en ces termes : comment mon travail peut-il se mettre au service de ma confiance en moi et devenir un lieu d'accomplissement ?

L'ambition de ce petit livre est de vous amener à vous poser vous-même les bonnes questions et de vous permettre, en toute liberté, d'explorer les chemins qui vous amèneront à gravir les échelons professionnels en conformité avec vos aspirations les plus profondes. Vous y trouverez également des outils pratiques vous permettant de vous affirmer rapidement dans votre travail au quotidien.

B.A.-BA D'UNE CONFIANCE SANS FAILLE

Différentes acceptions

La confiance en soi en tant que concept est apparue pour la première fois sous la plume de William James (1842-1910), psychologue américain considéré comme le père de la psychologie aux États-Unis, dans son ouvrage *Principles of Psychology*, publié en 1890.

Selon lui, la confiance en soi serait l'opinion que l'on a de soi-même au regard de ce que l'on a entrepris. Cela résume parfaitement l'état d'esprit qui domine aujourd'hui le monde occidental et qui tend à se représenter l'individu comme un objet désincarné : nous serions ainsi soumis aux mêmes lois qu'une entreprise ou qu'un État dont les résultats se mesurent par le chiffre d'affaires ou le produit intérieur brut (PIB). Il s'agit là d'une confiance en soi tout extérieure, basée sur l'apparence, dont on voit les limites dans le simple fait que même les indicateurs de performances des entreprises et des États tendent de plus en plus à intégrer le bien-être des employés/citoyens que nous sommes dans leurs bilans.

Aborder la confiance en soi en partant de ce point de vue béhavioriste tel que développé par William James revient donc à définir l'individu comme étant le produit de ce qu'il fait, le résultat d'un ensemble de comportements et de résultats observables d'un point de vue extérieur. Bien qu'il soit tout à fait vrai que nos réussites professionnelles, manifestées par des résultats concrets et visibles, soient intimement liées au sentiment de confiance en soi, n'y a-t-il pas dans cette définition une vision trop restrictive qui tend à nous catégoriser ? Les *winners* ne sont-ils pas tous un jour passés par la case *loser* ? Et inversement...

Il existe une autre acception de la confiance en soi qui, sans exclure l'analyse des comportements extérieurs comme un indice déterminant, préfère aborder la question autour de la notion de « croyance » en soi. À travers cette conception, on peut lier à la confiance en soi un ensemble de caractéristiques que la première approche ne permettait pas : en croyant en nous, nous acquérons la possibilité de faire confiance à nos désirs, à nos espoirs, à nos forces et à nos repères pour agir. Nous avançons en sécurité, avec la ferme assurance qu'il existe en nous-mêmes une force qui n'a pas nécessairement à faire ses preuves pour être. Et c'est bien cette énergie qui nous permet d'avoir une influence positive sur le monde extérieur, de prendre le risque de nous affirmer.

La constellation de la confiance en soi

Dans son ouvrage *Croire en soi ou la confiance perdue et retrouvée* (2004), le psychanalyste et psychosociologue Jean-Claude Liaudet introduit la notion de « constellation de la confiance en soi » en posant les questions suivantes : « Quelle différence entre confiance en soi, estime de soi et amour de soi ? En quoi la connaissance de soi contribue-t-elle à la confiance et l'assurance en soi, à l'affirmation de soi ? » (p. 35)

Nous avons en effet tendance à confondre confiance en soi, estime de soi, amour de soi, avec le fait d'être sûr de soi, de s'affirmer, de s'accepter et de se connaître. On a l'impression que tous ces termes se valent, et c'est bien pour cette raison que nous avons souvent du mal à comprendre d'où vient notre incapacité à réagir comme nous le voudrions face à une situation professionnelle qui nous fait perdre confiance en nous. Essayons de comprendre les enjeux de chacun des éléments de cette constellation en l'abordant comme un processus.

La constellation de la confiance en soi

Connaissance de soi

« Connais-toi toi-même » : ce préalable est indispensable si l'on veut construire sa confiance en soi sur des **bases solides**. Ce chemin de toute une vie permet une conscience accrue de nos potentialités et limites.

Acceptation de soi

Notion proche de la confiance en soi, l'acceptation de soi revient à s'accepter tel qu'on est, à voir en nous ce qui nous déplaît sans le rejeter ou rentrer dans l'auto-accusation.
Cette **lucidité** permet aussi de voir nos qualités avec humilité.

Amour de soi

Cette dimension va au-delà de tout jugement moral : **je suis capable de m'aimer tel que je suis**. Conscient de mes imperfections, je m'en sers pour m'améliorer chaque jour et en faire profiter mon entourage.

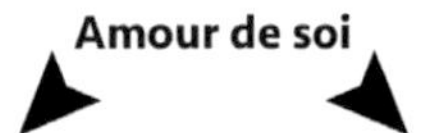

Bien que définies distinctement, il va de soi que ces notions s'interpénètrent et interagissent. Par conséquent, rien de ce qui est exprimé ci-dessus ne doit être compris comme un processus rigide dont les étapes seraient figées : selon l'histoire et les spécificités de chaque individu, un chemin particulier doit être mené pour gagner en confiance en soi.

LE SAVIEZ-VOUS ?

En ancien français, la foi se disait « fiance ». On retrouve ici le même suffixe que dans « con-fiance ».

AUTODIAGNOSTIC : LE TEST DE GORDON

Thomas Gordon (1918-2002) est un psychologue américain, pionnier dans la résolution de conflits. S'appuyant notamment sur les travaux d'Abraham Maslow (1908-1970) sur la satisfaction des besoins, il a conceptualisé la notion de « gagnant-gagnant ». Selon lui, la recherche de la compréhension de l'autre aurait un impact direct sur l'affirmation de soi.

Le test de Gordon peut être utile à toute personne désirant mieux se connaître dans la perspective de prendre confiance en elle dans son milieu professionnel. Il permet de faire un autodiagnostic de sa confiance en soi afin de dégager un point de départ à sa réflexion sur soi.

Ainsi, il vous est demandé de répondre le plus spontanément possible à une série de propositions (du type « La vie n'est que rapports de force et luttes », « Je sais écouter et je ne coupe pas la parole », « Quand je ne suis pas d'accord, j'ose le dire sans passion et je me fais entendre », etc.) par « plutôt vrai » ou « plutôt faux », et cela en pensant au milieu professionnel. Selon les résultats, une tendance générale se dégagera de vos réactions face à des situations qui mettent à l'épreuve votre confiance en vous : plutôt fuyant, agressif, manipulateur ou assertif.

BON À SAVOIR

L'assertivité ou comportement assertif est une notion introduite aux États-Unis dans les domaines de la psychologie et de la psychiatrie, et qui s'est élargie au développement personnel tout au long du XXe siècle. *To assert* signifiant « affirmer, s'affirmer, défendre ses droits », sont donc exclues de ce comportement toutes logiques de fuite, de soumission ou de manipulation.

Ce test n'a à aucun moment la prétention de vous révéler une vérité arrêtée sur vous-même. Il vous permettra au contraire de mener une réflexion sur ce que vous estimez être l'état actuel de votre comportement au travail afin de vous donner des pistes d'amélioration et d'engager un processus qui vous mènera bien plus loin.

TROUVER DE L'AIDE

Si prendre conscience d'un manque de confiance en soi et voir comment cette faille se manifeste est déjà une étape importante, en déceler les origines et faire fructifier cette démarche introspective vers un mieux-être relève d'une tout autre affaire, bien plus laborieuse.

À ce stade, toutes sortes de questions fondamentales peuvent surgir : Suis-je vraiment fait pour ce travail ? Comment évoluer à mon poste malgré la montagne de difficultés qui se dresse devant moi ? Comment prendre un virage professionnel sans mettre ma carrière en péril ? Difficile d'y répondre sans aide extérieure.

Les organismes professionnels

En France, Pôle emploi et l'Apec (Association pour l'emploi des cadres) proposent des rendez-vous d'accompagnement individuels ou collectifs pour permettre à toute personne désireuse de faire un point sur sa situation professionnelle d'y voir plus clair. Par des entretiens réguliers sur une période définie par votre conseiller, vous pouvez partager vos interrogations sur un problème précis ou sur votre situation globale. Ces parcours sont gratuits et ont pour objectif de vous permettre de mieux vous connaître grâce aux échanges avec l'accompagnateur et à un travail personnel d'analyse de vos aspirations professionnelles. Vos rendez-vous doivent être suffisamment espacés pour laisser le quotidien et les changements nourrir votre réflexion sur des questions telles que : Quels sont mes échecs et mes réussites ? Quelles sont mes motivations ? Quelles sont mes valeurs ? Quelles sont les hypothèses d'évolution professionnelle qui me correspondent ? etc.

Quelques liens utiles

- Apec : Perspectives
- Apec : Changer de voie
- Cité des métiers : Changer sa vie professionnelle, évoluer, valider ses acquis

Le coaching

Apparus dans les années quatre-vingt-dix, les coachs sont pendant un temps restés l'apanage des grands dirigeants souhaitant améliorer leur image. Depuis les années deux mille, la pratique du coaching s'est démocratisée (en témoignent les nombreuses certifications professionnelles délivrées par pléthore d'organismes de formation : SF Coach, ICF, EMCC, etc.) et nombreux sont les cadres moyens à avoir recours à ce type d'accompagnement pour booster leur carrière.

À la différence d'une psychanalyse ou d'une thérapie, l'accompagnement par un coach se doit d'être bref (au maximum quelques mois d'accompagnement), tout en permettant d'obtenir des résultats mesurables quasi immédiatement. Si le recours au coaching peut être utile pour des personnes qui rencontrent des problématiques qui ne les remettent pas en cause profondément, il ne semble pas approprié pour une personne ayant identifié un réel manque de confiance en elle. En effet, même accompagné de techniques certifiées telles que la programmation neurolinguistique (PNL), le coaching permet rarement à un individu de trouver les ressources nécessaires pour se libérer de ce qui l'empêche de s'exprimer. Dans ce cas, le travail sera bien plus long et demandera sans doute l'intervention d'un spécialiste.

Bon à savoir

La PNL est un assemblage de plusieurs pratiques (cybernétique, neurophysiologie, linguistique et hypnose, entre autres) dont le résultat peut être apparenté à une tentative de manipulation par la suggestion : chaque individu (soi-même y compris) est appréhendé comme un objet à influencer, à programmer. Si cette méthode rencontre un certain succès pour ce qui est de la réalisation d'objectifs précis, elle ne contribue en rien à améliorer l'image que l'on a de soi et des autres.

La thérapie

Vous l'aurez compris : s'affirmer dans son emploi, pour quiconque se pose la question de savoir pourquoi il n'y parvient pas, nécessite un vrai travail d'analyse, une recherche approfondie des origines de la « non-croyance » en soi. Apprendre à se connaître, à s'accepter et à s'aimer n'est pas une démarche que l'on fait dans le seul but d'évoluer professionnellement.

Quand nous n'avons pas confiance en nous au travail, nous faisons souvent l'erreur de nous focaliser sur untel qui nous rabaisse ou tel autre qui nous envahit. Nous ne voyons pas plus loin que le problème qui se présente à nous et cherchons à l'emporter sur une situation que, souvent, nous avons nous-même provoquée inconsciemment. Une logique de fuite donc, qui nous éloigne des vraies questions : Comment se fait-il que ces personnes se sentent autorisées à empiéter sur mon « territoire » ? D'où vient la faille dans ma confiance en moi ?

Pour cesser d'accuser les autres et soi-même, pour sortir des logiques de répétition qui nous font tourner en rond et nous empêchent d'évoluer, il faut en quelque sorte déraciner la mauvaise herbe en remontant à la source de notre manque de confiance en nous. Elle se situera souvent dans l'enfance : une thérapie est alors nécessaire pour entrer en contact avec ce mal qui nous ronge et qui nous empêche de déployer toutes nos potentialités.

Le choix d'une psychothérapie, d'une psychanalyse ou d'une thérapie comportementale relève de l'appréciation de chacun. La seule règle est qu'il faut bien choisir son thérapeute : au-delà de l'importance de la méthode employée (qui doit vous correspondre), il faut que cette personne vous inspire confiance, que vous ayez envie de faire un bout de chemin avec elle (de quelques mois à plusieurs années !).

AFFIRMER SON DÉSIR

La restauration de la confiance en soi suppose pour tout individu de se confronter aux obstacles qui l'éloignent de son Désir de travail : il faut aller à la rencontre de sa vocation à laisser s'exprimer au travail toutes ses potentialités, ses aspirations profondes, y compris (et surtout) les plus cachées. Ce Désir de travail est souvent enfoui sous un amas de paroles de malédiction accumulées depuis la naissance. La sentence « Tu seras un bon médecin, mon fils » peut être aussi destructrice pour un garçon qui aspire à être boulanger que le traditionnel « Tu n'es bon à rien ».

Va vers toi

« *Lekh Lekha* » (Genèse 12:1) : cette expression hébraïque signifie « Va vers toi. » L'injonction divine au premier patriarche Abraham est sans équivoque. Il est appelé à tout quitter (pays, famille, patrie) pour aller vers le pays que l'Éternel, son Dieu, lui promet. Souvent retranscrite ainsi : « Va-t'en de ton pays ! », l'expression peut en réalité se traduire littéralement par « Va pour toi ! » Ce n'est qu'en répondant à cet appel, expression d'un Désir qui nous dépasse, que ni notre famille ni notre patrie (ni nos collègues !) ne peuvent définir à notre place, que nous pouvons accéder à plus de confiance en nous.

Apprendre à dire « non »

Dans son best-seller *L'intelligence du cœur* (1997), Isabelle Fillozat nous parle d'une colère positive que tout individu aurait intérêt à laisser s'exprimer pour aller vers son vrai Désir et apprendre à s'affirmer. Exprimer cette « colère saine » (p. 190) nous permet de remédier à un évitement systématique du conflit (la fuite, le déni) ou à une réponse violente (qui cherche à répondre aux attaques par des accusations). Elle consiste donc en une affirmation de soi sans rejet ni jugement d'autrui, et s'exprime à partir de soi en utilisant le pronom « Je » plutôt que l'accusation « Tu ».

L'auteur donne l'exemple de cette femme victime d'un supérieur abusif et misogyne dans l'exercice de son autorité (p. 198). Selon elle, exprimer cette colère positive consisterait à dire : « Quand vous m'appelez "mon petit", je me sens mal à l'aise, parce que j'ai besoin de sentir votre estime, vous êtes mon patron, et je préfère que vous m'appeliez par mon nom, j'aurais davantage de plaisir à travailler avec vous. »

Ainsi, avant d'apprendre à dire « oui », il est indispensable de passer par cette étape que le fondateur de la psychologie analytique, Carl Gustav Jung (1875-1961), appelle « individuation ». Nous sommes invités à sortir de toute relation dans laquelle autrui cherche à nous absorber et qui ne nous permet pas de sortir de notre zone de confort.

L'ÉLAN DE VIE ORIGINEL

« Si un bébé vient de naître, c'est que la confiance en la vie le porte » (LIAUDET (Jean-Claude), *Dolto expliquée aux parents*, p. 1) : comment ne pas voir dans cette affirmation qui nous vient de la plus célèbre des spécialistes de l'enfance, le signe qu'en chacun de nous s'est exprimé (au moins une fois) un élan de vie, une confiance élémentaire en ce qui advient ? Sortir du ventre de notre mère est avant tout un acte de foi... la première manifestation de la confiance en soi et du refus du mortifère. Avant de féliciter les parents, ne devrait-on pas accueillir le nouveau-né avec toute la bienveillance et la reconnaissance qu'il mérite ? Il vient de traverser avec confiance ce que les spécialistes reconnaissent comme étant le premier traumatisme, la première confrontation au réel. Cela ne va pas sans rappeler les épreuves et les obstacles qui jonchent le chemin de la restauration de la confiance en soi au travail.

Cette étape peut paraître effrayante et peu gratifiante à court terme : nous risquons beaucoup et ne sommes pas certains d'obtenir ce que nous désirons. En réalité, ce n'est pas une option. En reprenant l'exemple pris plus haut par Isabelle Fillozat, imaginons que cette employée souhaite se voir confier de plus grandes responsabilités. Croyez-vous qu'elle puisse faire l'économie de remettre son patron à sa place ? Ne risque-t-elle pas, en cherchant à évoluer sans poser ce premier jalon du refus de la confusion, d'entrer dans un cercle vicieux qui la conduira à dépendre de plus en plus de cet homme ? Ce qu'elle gagnerait en évolution professionnelle sur le papier se traduirait dans la réalité par une soumission plus grande encore à cette autorité abusive.

L'individuation est une notion centrale de la pensée de Jung que l'on pourrait définir comme étant le processus de formation naturel de l'individu psychologique, soit un être distinct de la psychologie collective. La première étape de l'individuation étant la « différenciation », nous comprenons dans ce terme qu'on ne peut devenir un individu libre, selon Jung, sans prendre le risque de poser les « non » qui nous permettent de nous positionner face à notre interlocuteur ou face à un groupe comme une personne à part entière, « différenciée ».

Restaurer son Désir

Quiconque prétend se connaître parfaitement est dans l'erreur totale. Toute personne ayant fait un travail d'introspection réel et sérieux vous dira que cette idée est de l'ordre du fantasme : nous avons à déconstruire ce que nous croyons être nos désirs, notre personnalité, pour aller vers un rapport plus authentique à soi et au travail. Pour cela, il faut oser remettre en cause nos certitudes, nos schémas de pensée, nos relations, bref, tout ce qui est de l'ordre de la vérité arrêtée et nous empêche de comprendre ce qui se joue réellement dans telle ou telle situation.

Dans cette perspective, toute difficulté rencontrée au travail peut être un précieux support d'analyse. Trois temps sont à dissocier.

1. **Le temps de l'observation** : dans quelle situation, face à quel individu et de quelle manière se manifeste mon manque de confiance en moi au travail ? Dans ce cadre, il est vivement recommandé de tenir un carnet de bord de ses observations. Poser des mots sur des situations qui nous semblent confuses permet de mettre du sens là où règne le chaos. L'idéal est de prendre dès le départ l'habitude de procéder en trois temps : dresser le tableau (a), repérer les émotions (b) et relever les mots qui nous viennent en tête (c). Exemple :

> J'ai déjeuné avec M. B ce midi. Une torture ! Je ne sais pas pourquoi cet homme me met mal à l'aise (a). J'avais chaud, je ne savais pas où poser mes mains, je me sentais menacé d'être mis à nu en permanence (b). C'est comme si une voix me disait sans cesse : « Il va bien se rendre compte

que tu n'as pas le niveau pour gérer sa fortune. Comment un homme d'une telle envergure peut-il faire confiance à quelqu'un comme toi ? » (c)

2. **Le temps de l'analyse** : suis-je dans le vrai quand je pense que cette situation ou cet individu sont pour moi des occasions de chute ? D'où me vient cette peur ? Il s'agit ici de confronter nos ressentis à la réalité de la situation. Nous devons pour cela nous focaliser sur ce qui se passe dans notre monde intérieur. À quel moment cette situation bien réelle me fait-elle perdre ma confiance en moi ? Quelle situation du passé suis-je en train de revivre à travers ce qui se manifeste ici ? Que me dit cette voix dans ma tête ? Pour continuer le carnet de bord de notre gestionnaire de patrimoine, voici ce qui pourrait se dégager d'une telle analyse :

Qu'a fait cet homme pour que je me sente mal à l'aise ? Je ne vois pas… Au-delà du fait qu'il était bien mieux habillé que moi, il n'avait pas l'air de vouloir m'écraser. Il semblait même bienveillant. Un peu trop d'ailleurs… C'est étrange, j'ai le sentiment que c'est lui qui cherchait à me montrer qu'il était à la hauteur. Cela me rappelle les repas du soir en famille : quand c'était à mon tour de raconter ma journée, mon père me coupait sans cesse la parole et il renchérissait sur mes histoires. Je me disais souvent que je ne pourrais jamais rivaliser avec lui. Je me sentais nul.

3. **Le temps de l'action sur le réel** : penser, parler et travailler autrement. Une fois que nous sommes passés de l'opinion-fantasme à la réalité, une grande partie du travail est déjà faite : bien que toujours dans l'inconfort du manque de confiance en soi, nous avons démystifié la situation et disposons des outils pour la désamorcer. Cette voix intérieure qui nous pousse à n'être qu'une parodie de nous-mêmes est démasquée. Un processus est déjà enclenché qui nous permettra d'aborder la situation autrement. Voici ce que pourrait être le résultat d'un tel travail quelques semaines après :

> M. B est venu au bureau aujourd'hui. C'est amusant, car j'ai rendu visite à mes parents dimanche dernier et je me suis aperçu que mon père était toujours dans la surenchère avec moi. Comme s'il se sentait menacé. Je lui en ai parlé et bien que

nous ne soyons pas tombés d'accord, l'exprimer m'a fait un bien fou ! Ce matin, j'étais un autre homme face à M. B : effectivement, il cherche à m'intimider en théâtralisant sa vie, c'est sa manière d'être en confiance... Mais maintenant, cela ne me gêne plus du tout, je dirais même que j'ai passé un bon moment. Finalement, il a signé le contrat et souhaite me recommander à son associé.

Exprimer son Désir

Oser aller vers ce qui nous fait vraiment envie, oser aller vers son risque en exprimant son Désir exige un effort qui peut sembler contre nature : c'est un peu comme déclarer sa flamme à la personne aimée qui ne connaît pas nos sentiments. Nous prenons le risque d'être rejetés, méprisés, moqués, etc. Mais sans ce risque, nous restons dans le fantasme de savoir mieux que lui-même ce que l'autre pense, nous restons dans l'illusion d'être en fusion avec lui.

Se confronter au réel est toujours bénéfique. Oser dire à cette personne ce qu'elle mérite d'entendre, c'est témoigner d'une confiance en soi et montrer à l'autre que nous le respectons :

en nous enfermant dans un fantasme (« Il/elle va me virer si je lui fais part de mon besoin d'évoluer », « Mon chef d'équipe n'a pas le courage de demander mon avancement aux ressources humaines », « Je dois mal travailler puisqu'il/elle ne me confie jamais de gros projets », etc.), je rends aussi autrui prisonnier.

ACCEPTER DE DÉRANGER

« Impose ta chance, serre ton bonheur et va vers ton risque. À te regarder, ils s'habitueront » (CHAR (René), *Œuvres complètes*) : parfois, sans en être conscients, nos proches sont les premiers à nous faire douter de notre chemin. Sur le lieu de travail, ce proche peut être un collègue peu habitué à nous voir épanoui et dynamique, un responsable qui aura le sentiment de perdre le contrôle, etc. Chacun vous fera savoir, à sa manière, plus ou moins consciemment, que vous lui faites peur et qu'il n'aime pas ça... Il faut vous y faire : la confiance en soi authentique, c'est aussi accepter de déranger. On finit par y prendre un certain plaisir.

Si aller vers l'autre pour lui faire part de notre Désir (de gravir un échelon, de changer de méthode de travail, de communiquer autrement, etc.) est une étape difficile, la parole est toujours libératrice et créatrice de sens.

Exprimer un Désir authentique au travail nous fait souvent peur et de nombreux facteurs peuvent nous faire renoncer à imposer notre chance. S'il est certain que le processus de restauration de la confiance en soi ne se fait pas en un jour, une autre certitude bien plus réjouissante existe en vous et vous êtes invité à aller à sa rencontre.

Le Désir de travail est une quête, une recherche de sens qui vous permettra de vous connaître mieux, de vous accepter tel que vous êtes afin d'acquérir une confiance en vous construite sur des fondations solides.

TOP CONSEILS

- **Prenez du temps pour vous en dehors du travail** en pratiquant par exemple une activité culturelle ou sportive. Cela vous permettra de prendre du recul sur votre quotidien. Il arrive souvent qu'en nous lançant dans une nouvelle activité, notre confiance en nous se voie boostée de manière surprenante.
- **Débarrassez-vous des « paroles de malédiction »**, telles que « Je suis grosse », « Je suis bête », « J'ai toujours été fainéant », etc. Mettez ce que vous ressentez à l'épreuve en notant tout ce qui vous vient à l'esprit sur des morceaux de papier. Dans la mesure où tout cela ne vient pas de vous, mais d'une opinion qu'on a induite en vous, il ne vous reste plus qu'à les déchirer, les malmener autant que vous voulez pour enfin des jeter à la poubelle. Vous êtes libre !
- **Respirez !** Pensez régulièrement à vous concentrer sur votre respiration. Prenez des grandes inspirations et expirez lentement en visualisant le mouvement de l'air qui traverse

votre corps. Un exercice qui permet de restaurer votre sécurité intérieure.

- **Soyez un esprit sain dans un corps sain.** Pensez autant que possible à bien vous alimenter, évitez l'excès de boissons excitantes (café, sodas). Apprenez à considérer votre corps comme un temple sacré dont il faut prendre soin.

- **Faites des *To do list*.** Donnez-vous chaque jour des objectifs atteignables et réalistes. Une fois la tâche achevée, rayez-la et goûtez à la satisfaction d'avoir rempli un objectif.

- **Adoptez la boîte à succès.** Nous avons tendance à vite oublier nos réussites. Dans une boîte, prenez l'habitude de déposer des morceaux de papier sur lesquels sont notées vos victoires quotidiennes.

- **Répétez-vous « Je suis une créature merveilleuse. »** Prenez le temps de vous regarder chaque matin dans un miroir et prononcez cette phrase comme si vous le disiez à l'être aimé. Extraite du livre des Psaumes (Psaumes 139:14), on trouve dans cette formule l'essence même de l'amour de soi : chacun de nous, à la fois unique et imparfait, est porteur de quelque chose de merveilleux. Vous finirez par y croire... et vous aurez bien raison !

- **Ne prenez pas part aux ragots et jeux de pouvoir.** Cela peut être distrayant, mais c'est un très mauvais défouloir qui vous fait entrer dans un cercle vicieux et qui vous éloigne de la satisfaction première que vous devez tirer de votre travail : la réalisation de vos objectifs.
- **Prenez des vraies pauses.** Peu importe la charge de travail qui vous incombe, prenez au moins 10 minutes par demi-journée pour déconnecter totalement (y compris de votre portable) et assumez cette liberté : allez marcher, discutez autour d'un thé/café avec un(e) collègue, lisez, etc.
- **Prenez des vacances.** C'est un droit pour tout travailleur et un devoir pour toute personne qui aspire à rayonner autour d'elle et se montrer responsable dans son travail.

FAQ

DURANT UNE RÉUNION, COMMENT OSER PRENDRE LA PAROLE POUR DONNER MON AVIS ?

Tout d'abord, soyez conscient que tout avis n'est pas toujours bon à donner. Faites preuve de discernement en vous demandant si la frustration de ne pas oser prendre la parole provient d'une vraie timidité ou si elle est plutôt liée à un désir d'exister et d'être reconnu, bien que vous n'ayez rien de pertinent à apporter sur les sujets abordés.

Dans le premier cas, jetez-vous à l'eau : parler en public s'apprend, il y a des techniques, des phrases introductives que vous pouvez préparer en amont. Bien des personnalités charismatiques étaient maladivement timides, voire bègues dans leur enfance ! Dans le second cas, il faudra effectuer un travail plus en profondeur pour savoir d'où vient ce vide existentiel qui vous pousse à vouloir être visible à tout prix. Le temps de comprendre ce qui se rejoue ici, abstenez-vous de prendre la parole : vous risqueriez de parler pour ne rien dire.

MON PATRON ME RABAISSE SANS CESSE. COMMENT PRENDRE CONFIANCE EN MOI MALGRÉ TOUT ?

Si votre supérieur vous rabaisse, c'est sans doute qu'il manque lui-même de confiance en lui… Pour des raisons qui lui appartiennent. La meilleure chose à faire est de prendre un rendez-vous avec lui afin d'exprimer de manière assertive ce que cette situation a d'handicapant pour vous. Il se peut que vos échanges soient constructifs et vous fassent du bien à tous les deux. Il est aussi probable qu'un conflit naisse de cet entretien, mais vous aurez au moins laissé s'exprimer votre Désir et gagné en assurance. Si la situation s'aggrave, faites-vous aider par un délégué du personnel ou adressez-vous aux ressources humaines.

COMMENT PUIS-JE GAGNER EN ASSURANCE SANS POUR AUTANT PARAÎTRE PRÉTENTIEUX ?

Attention à ne pas donner dans l'excès de confiance en soi : cela traduit généralement une « surcompensation » liée à... un manque de confiance en soi. Méconnaître vos points faibles en rendant les autres responsables de vos difficultés, vous octroyer tous les mérites d'un travail réalisé en équipe, par exemple, sont des signes que vos collaborateurs vont non seulement prendre pour des attaques personnelles, mais qui, de surcroît, vous feront perdre toute crédibilité.

COMMENT DEMANDER UNE AUGMENTATION OU UNE PROMOTION À MON PATRON SI JE NE SUIS PAS MOI-MÊME CONVAINCU DE MA PROPRE VALEUR ?

On comprend ici l'intérêt concret de la boîte à succès (cf. « Top conseils ») : prenez réguliè-rement du temps pour recenser vos réussites. Qu'elles soient ou non chiffrables, ces réalisations sont autant d'arguments que vous pourrez apporter à votre hiérarchie pour justifier votre demande. Considérez que tout patron ou chef d'équipe digne de ce nom est heureux de pouvoir valoriser ses équipes : ne pas vous apporter la reconnaissance que vous méritez sera pour lui source de frustration. Donnez toutes ses chances à votre employeur !

COMMENT MANAGER UNE ÉQUIPE EXPÉRIMENTÉE ALORS QUE JE SUIS À PEINE DIPLÔMÉ ?

Si vous avez été recruté, c'est qu'on vous estime capable de faire face aux difficultés du poste. Faites preuve d'intelligence relationnelle : un individu rebelle à votre autorité l'est certainement parce qu'il considère que vous n'avez rien à lui apprendre. Et c'est vrai d'un point de vue technique : il connaît bien mieux son rayon que vous. Montrez-lui que vous appréciez ce savoir-faire tout en restant ferme sur le cadre que vous posez. Manager une équipe, c'est avant tout créer une synergie de savoirs et de savoir-faire pour atteindre des objectifs.

COMMENT RESTER CONFIANT PEN-DANT UNE PÉRIODE DE CHÔMAGE ?

Ce qui nous manque souvent dans les périodes de chômage, c'est un cadre et une vie sociale. Structurez votre journée. Organisez votre emploi du temps, ne laissez pas le vide vous engloutir : alternez entre temps de recherche et temps de repos, fixez-vous des objectifs atteignables, voyez des amis, etc. Profitez aussi de la situation pour vous aérer l'esprit et faire des choses que vous rêviez de faire lorsque vous travailliez. Et sans complexes !

QUELLE ATTITUDE ADOPTER QUAND MES COLLÈGUES REFUSENT DE COLLABORER AVEC MOI ET MULTIPLIENT LES REMARQUES MESQUINES ?

Les relations au travail peuvent être très compliquées et font parfois penser à ce que l'on peut observer dans une cour de récréation. C'est précisément ce qui se passe : vos collègues rejouent un scénario de leur passé... et vous aussi très probablement ! Si aucun dialogue n'est possible, ne rentrez pas dans leur jeu et prenez le recul nécessaire en vous aidant vous-même ou en allant chercher de l'aide auprès d'un spécialiste. Si la situation devient invivable, parlez-en à toute personne compétente dans l'entreprise ou aux services de médecine du travail : certaines histoires peuvent aller très loin si vous ne les prenez pas en main rapidement.

À VOUS DE JOUER !

L'INTERVIEW

Demandez à cinq personnes (bienveillantes) de répondre aux questions ci-dessous. Vous aurez un échantillon de la manière dont vous perçoit le monde extérieur. Prenez ces réponses comme un outil de travail.

- Si vous deviez me présenter brièvement, quelle description feriez-vous de ma personnalité ? De ma façon de travailler ?
- Quelles sont d'après vous mes principales qualités ?
- Donnez un exemple de situation où l'une de ces qualités s'est particulièrement révélée ?
- Si vous deviez me donner des conseils pour la suite de ma carrière, qu'auriez-vous envie de me dire en termes d'axes d'amélioration ? En termes d'évolution professionnelle ?

ÉLARGISSEZ VOTRE RÉSEAU

- Vous êtes intéressé(e) par tel poste dans telle entreprise ? Vous connaissez quelqu'un qui pourrait vous en parler plus concrètement ? Alors osez l'inviter à déjeuner, ne vous privez pas de la chance d'en savoir plus, ne vous sentez pas coupable « d'utiliser » cette personne : elle sera certainement ravie de vous mettre en relation, de vous renseigner, etc.
- Ne négligez pas les réseaux professionnels en ligne du type LinkedIn : prenez le temps de voir quels postes existent dans votre secteur, créez des liens virtuels avec des personnes qui pourraient un jour avoir un rôle concret à jouer dans l'avancement de votre carrière.
- Ne prenez pas de haut les stagiaires et les jeunes actifs : tout d'abord parce qu'étant sur le chemin de la confiance, vous n'avez pas besoin de mépriser qui que ce soit, mais aussi parce que toute personne peut un jour avoir envie de vous renvoyer l'ascenseur.

FAITES FRUCTIFIER VOS TALENTS

- Tout le monde vous dit que vous devriez chanter ? Inscrivez-vous dans une chorale ou prenez des cours.

- On vous dit que vous avez la main verte ? Faites un potager ou un mur végétal.
- Vous avez toujours eu envie d'apprendre à jouer du piano ? Cette envie n'est pas là par hasard : vous devez vous y essayer.

Ces talents inexprimés sont autant de frustrations que vous reproduisez sans doute dans votre travail : il faut libérer votre potentiel créatif pour libérer votre rapport au travail.

Votre avis nous intéresse !
Laissez un commentaire sur le site de votre
librairie en ligne et partagez vos coups de cœur sur
les réseaux sociaux !

POUR ALLER PLUS LOIN

SOURCES BIBLIOGRAPHIQUES

- BELLANGER (Lionel), *Développez votre confiance en vous*, Nogent-le-Rotrou, ESF éditeur, 2009.

- CHAR (René), *Œuvres complètes*, Paris, Gallimard, coll. « Bibliothèque de la Pléiade », 1983.

- FILLOZAT (Isabelle), *L'intelligence du cœur*, Paris, JC Lattès, 1997.

- GUINCHARD (Roland) avec la collaboration d'ARNAUD (Gilles), *Psychanalyse du lien au travail. Le désir de travail*, Paris, Elsevier Masson, 2011.

- *La Bible, Parole de vie*, Villiers-le-Bel, Société biblique française, 2000.

- LACROIX (Marie-José), *Vivre et travailler avec des personnalités difficiles*, Paris, InterÉditions, 2013.

- LIAUDET (Jean-Claude), *Croire en soi ou la confiance perdue et retrouvée*, Paris, L'Archipel, 2004.

- LIAUDET (Jean-Claude), *Dolto expliquée aux parents*, Paris, L'Archipel, 1998.

- PASINI (Willy), *Être sûr de soi*, Paris, Odile Jacob, 2002.

- « Test de Gordon » in *Le temps des managers*, mars 2010, consulté le 25 janvier 2016. https://letempsdesmanagers.files.wordpress. com/2010/03/test-de-gordon-etes-vous-assertif-_. pdf

SOURCES COMPLÉMENTAIRES

- BASSET (Lytta), *Oser la bienveillance*, Paris, Albin Michel, 2014.

- JAMES (William), *Précis de psychologie*, Paris, Les empêcheurs de penser en rond, 2003.

- JUNG (Carl-Gustav), *L'âme et le soi*, Paris, Albin Michel, 1990.

- Site *Psychologies*.

- http://www.psychologies.com/Travail

- SOUZENELLE (Annick de), *Va vers toi. La vocation divine de l'Homme*, Paris, Albin Michel, 2013.

DOCUMENTAIRE

- MEISSONIER (Martin), *Le bonheur au travail*, Productions Campagne Première, diffusé sur Arte le 24 février 2015.

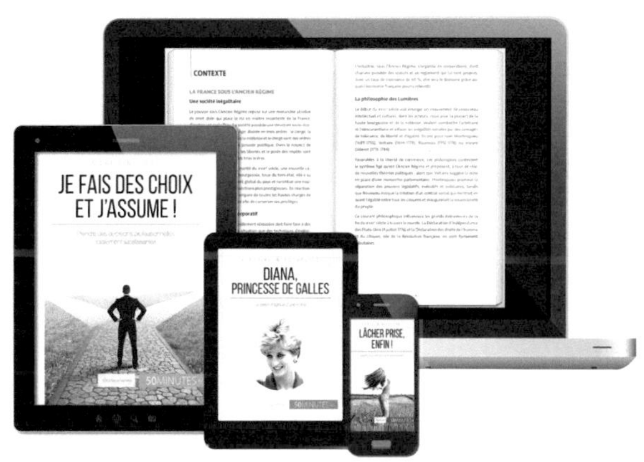

ISBN ebook : 978-2-8062-7668-1
ISBN papier : 978-2-8062-7669-8
Dépôt légal : D/2016/12603/63
Photo de couverture : © luismolinero - Fotolia.com

Conception numérique : Primento,
le partenaire numérique des éditeurs